DIE HÖHLE DER LÖWEN

KÜCHENHITS FÜR KIDS – EINE ERFOLGSSERIE!

Mit diesem Buch geht die „Kinderleichte Becherküche" in die nächste Runde! Angefangen hatte alles mit einer engagierten Präsentation in der VOX-Gründershow „Die Höhle der Löwen". Birgit Wenz konnte die anwesenden Investoren von Ihrem sympathischen Konzept für kleine Köche & Bäcker überzeugen und vor allem Ralf Dümmel damit begeistern. Seitdem ist die „Kinderleichte Becherküche" auf Erfolgskurs und begeistert Groß und Klein mit immer neuen Rezeptideen.

Der vorliegende Band bringt Kindern die gesunde Ernährung spielend bei und zeigt den kleinen Gourmets, wie lecker auch Gemüse & Co. sein können – nicht zuletzt, weil es selbst zubereitet immer noch am besten schmeckt!

Birgit Wenz wünscht viel Spaß & guten Appetit!

GESUND & LECKER

HERZLICH WILLKOMMEN

Kinder lieben es, in der Küche mitzuhelfen und Speisen selbst zuzubereiten. Mit dem Becherküchen-Konzept fördern Sie nicht nur die Eigenständigkeit Ihrer Kinder, sondern unterstützen auch ihre natürliche Neugier durch die Erfolgserlebnisse beim Kochen & Backen.

Mit der „Kinderleichten Becherküche – gesund & lecker" können sogar Kinder im Vorschulalter ganz einfach leckere und nahrhafte Suppen, Salate, Dips, Pfannen- und Ofengerichte zubereiten und lernen ganz nebenbei, wie man sich gesund ernährt – ganz ohne Fast Food und Fertiggerichte. So wird der Grundstein für das zukünftige Ernährungsverhalten Ihrer Kinder gelegt.

Unterschiedlich große Messbecher in verschiedenen Farben machen das Abmessen der Zutaten kinderleicht.

Durch die übersichtlichen Schritt-für-Schritt-Anleitungen können die kleinen Meisterköche alle Gerichte nahezu ohne Hilfe nachkochen. So entdeckt Ihr Kind neben der Begeisterung fürs Kochen, den Umgang mit Zahlen und Mengen, lernt eine Reihenfolge einzuhalten sowie das Ordnen und Sortieren und sammelt viele schöne Erfahrungen.

Wir wünschen Ihnen und Ihrem Kind viel Spaß mit der „Kinderleichten Becherküche".

Birgit Wenz

Die Idee zum Buch „Kinderleichte Becherküche" hatte Birgit Wenz während ihrer Elternzeit. Die Erzieherin ist Mutter von zwei Söhnen und so liegen ihr Ernährungserziehung und die Förderung von Eigenständigkeit sowohl beruflich als auch privat sehr am Herzen.

Seit über zehn Jahren betreut Birgit Wenz Kinder im Vorschulalter und hat oft viel Zeit in die Vorbereitung von Koch- und Backangeboten investiert. Mit ihrem Konzept möchte sie jetzt nicht nur Kindertageseinrichtungen, sondern auch Familien begeistern. Unterstützung erhält sie dabei von ihrem Mann Stefan Wenz, der sich um den Vertrieb und das Marketing kümmert. Zusammen sind sie ein unschlagbares Team!

INHALT

SO FUNKTIONIERT DIE „KINDERLEICHTE BECHERKÜCHE"

Aufbau des Buches

Jedes der 20 Rezepte besteht aus einer Übersicht mit Zutaten- und Materialliste sowie einer mehrseitigen Schritt-für-Schritt-Bildanleitung – übersichtlich strukturiert und leicht verständlich.

Vorbereitung

Zutaten wie z.B. Mehl, Gewürze, Nudeln, oder Milch in ausreichender Menge bereitstellen, ohne diese vorher abzuwiegen bzw. abzumessen.
Beispiel:
Für 280 g Mehl einfach eine ganze Packung Mehl (1 kg) vorbereiten.
Fleisch, Würstchen und Gemüse: Stellen Sie Ihrem Kind genau die Menge zur Verfügung, die auf der Übersichtsseite des Rezeptes angegeben ist.

Das benötigte Material aus der Rezeptübersicht bereitstellen.

Anleiten des Kindes bzw. der Kinder

Der Erwachsene und das Kind betrachten den 1. Arbeitsschritt und besprechen diesen. Nachdem das Kind die Aufgabe verstanden hat, sollte es sie selbstständig ausführen. Die Aufgabe des Erwachsenen ist es, sich begleitend im Hintergrund zu halten und lediglich Hilfestellung zu geben, wenn das Kind allein nicht mehr weiterkommt. Mit den weiteren Arbeitsschritten wird ebenso verfahren. Beim Umgang mit Elektrogeräten muss das Kind jedoch sorgfältig von Erwachsenen beaufsichtigt werden. Bitte beachten Sie zudem die Bedienungsanleitungen der verwendeten Küchengeräte.

Milch
Stets zimmerwarme Milch verwenden, ca. 23 °C.

Wasser
Immer lauwarmes Wasser verwenden, ca. 35 °C

Eier
Entsprechen der Größe M

Butter / Margarine
Die Butter frühzeitig vor dem Backen aus dem Kühlschrank nehmen. Bei Zimmertemperatur lässt sie sich einfacher verarbeiten und verbindet sich am besten mit den anderen Zutaten.

Kräuter
Es werden hauptsächlich getrocknete (gerebelte) Kräuter verwendet. Die Maßangabe der Löffel ist nicht für frische Kräuter geeignet.

ABMESSEN DER ZUTATEN

Mehl

Zum einfachen Abmessen das Mehl in einen großen Vorratsbehälter füllen. Den Becher gehäuft füllen. Anschließend mit einem Messer überschüssiges Mehl einfach in den Vorratsbehälter abstreifen, damit der Becher randvoll gefüllt ist.

Weitere Zutaten

Den passenden Becher stets bis zum Rand füllen. Es gibt keinen Eichstrich oder Ähnliches.

HINWEISE

Vorsicht beim Umgang mit Elektrogeräten!

Es liegt im Ermessen des Erwachsenen, inwieweit das Kind selbstständig das Rührgerät oder den Gemüseschneider benutzen darf. Ebenso entscheidet der Erwachsene über den Umgang mit dem heißen Backofen. Bitte beachten Sie die Anweisungen in den Bedienungsanleitungen der jeweiligen Elektrogeräte hinsichtlich der Bedienung durch Kinder.

Backofen: Die Temperatur des Backofens ist auf Ober- und Unterhitze ausgelegt. Der Rost oder das Backblech gehören immer in die unterste Schiene im Ofen.

Stäbchenprobe: Jeder Backofen ist anders und die Backzeit des Kuchens kann variieren. Ob er wirklich fertig ist, zeigt die Stäbchenprobe. Dafür wird mit einem Holzspieß in die Kuchenmitte gestochen. Kleben beim Herausziehen noch Teigreste am Stäbchen, muss der Kuchen noch einmal zurück in den Ofen. Ist das Stäbchen nach einer kurzen weiteren Backzeit sauber, ist der Kuchen gar und kann aus dem Backofen genommen werden.

Becherset: Das Becherset ist lebensmittelecht und spülmaschinengeeignet.

SUPPE

GEKÖRNTE GEMÜSEBRÜHE

FEINE BRÜHE OHNE MÜHE!

Ergibt: ca. 100 g • Zubereitungszeit: 30 min • Trockenzeit: ca. 6 Stunden

ZUTATEN

2 Knoblauchzehen

1 Bund Suppengemüse

(Karotten, Sellerie, Lauch, Petersilie)

1 Paprika

75 g feines Meersalz

MATERIAL

- Becherset
- Wecker
- Schneidebrett mit Messer
- Sparschäler
- Gemüsereibe
- Backblech
- Pfannenwender
- Pürierstab
- Topflappen
- Schürze

1

Den Lauch und die Petersilie so klein wie möglich schneiden und auf das Backblech legen.

2

Die Paprika so klein wie möglich schneiden und ebenfalls auf das Backblech legen.

3

Den Backofen auf 80 °C Ober- und Unterhitze vorheizen.

Die Karotte, den Sellerie, und die zwei Knoblauchzehen schälen. Das geschälte Gemüse reiben und auf das Blech legen.

5

Das Blech in den Ofen schieben und den Wecker auf drei Stunden einstellen.

6

Den Topflappen falten und zwischen die Backofentür klemmen.

7

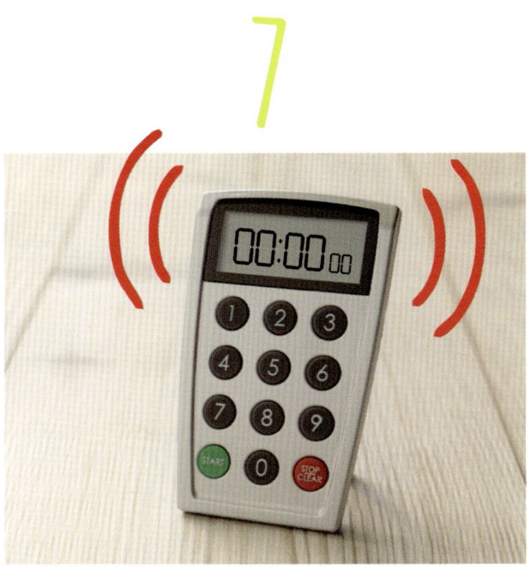

Wenn der Wecker ertönt, das Gemüse mit einem Pfannenwender wenden.

8

Das Blech wieder in den Ofen schieben und den Wecker auf drei Stunden einstellen.

9

Alle Zutaten müssen ganz trocken sein. Sonst die Trockenzeit verlängern.

Wenn der Wecker ertönt das Blech mit Topflappen aus dem Ofen holen.

10

Das Gemüse in ein hohes Gefäß umfüllen und mit dem Stabmixer fein mixen.

11

Zwei orange Becher Salz in das Gefäß geben.

Alles noch einmal durchmixen.
Fertig!

KÜRBISSUPPE

Ergibt: Portion für 4-6 Personen • Zubereitungszeit: 25 min
Kochzeit: 25 min

ZUTATEN

1 Hokkaido Kürbis
ca. 1500 g

1750 ml Wasser

Salz

Gekörnte Gemüsebrühe

60 ml Sahne

MATERIAL

- Becherset
- Wecker
- Großer Topf mit Deckel
- Schneidebrett mit Messer
- Löffel
- Pürierstab
- Schürze

1

Den Kürbis in zwei Hälften zerteilen.

Mit einem Löffel die Kerne herausholen.

3

Den Kürbis klein schneiden und in den Topf geben.

4

Sieben blaue Becher Wasser in den Topf schütten.

5

Den Topf mit Deckel auf die Herdplatte stellen und das Gemüse 20 Minuten weich kochen.

6

Wenn der Wecker ertönt den Topf von der Herdplatte nehmen und den Deckel beiseitelegen.

7

8

Zwei gelbe Löffel Salz in den Topf schütten.

Zwei grüne Löffel gekörnte Gemüsebrühe hinzufügen.

9

Zwei orange Becher Sahne
in den Topf gießen.

Die Suppe mit dem Stabmixer
fein pürieren. Fertig!

GESUNDE
VITAMINE
LÖFFELWEISE!

KARTOFFELSUPPE

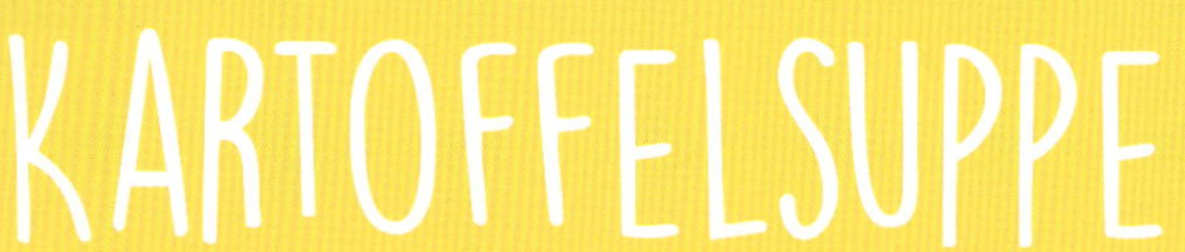

Ergibt: Portion für 4-6 Personen • Zubereitungszeit: 30 min
Kochzeit: 25 min

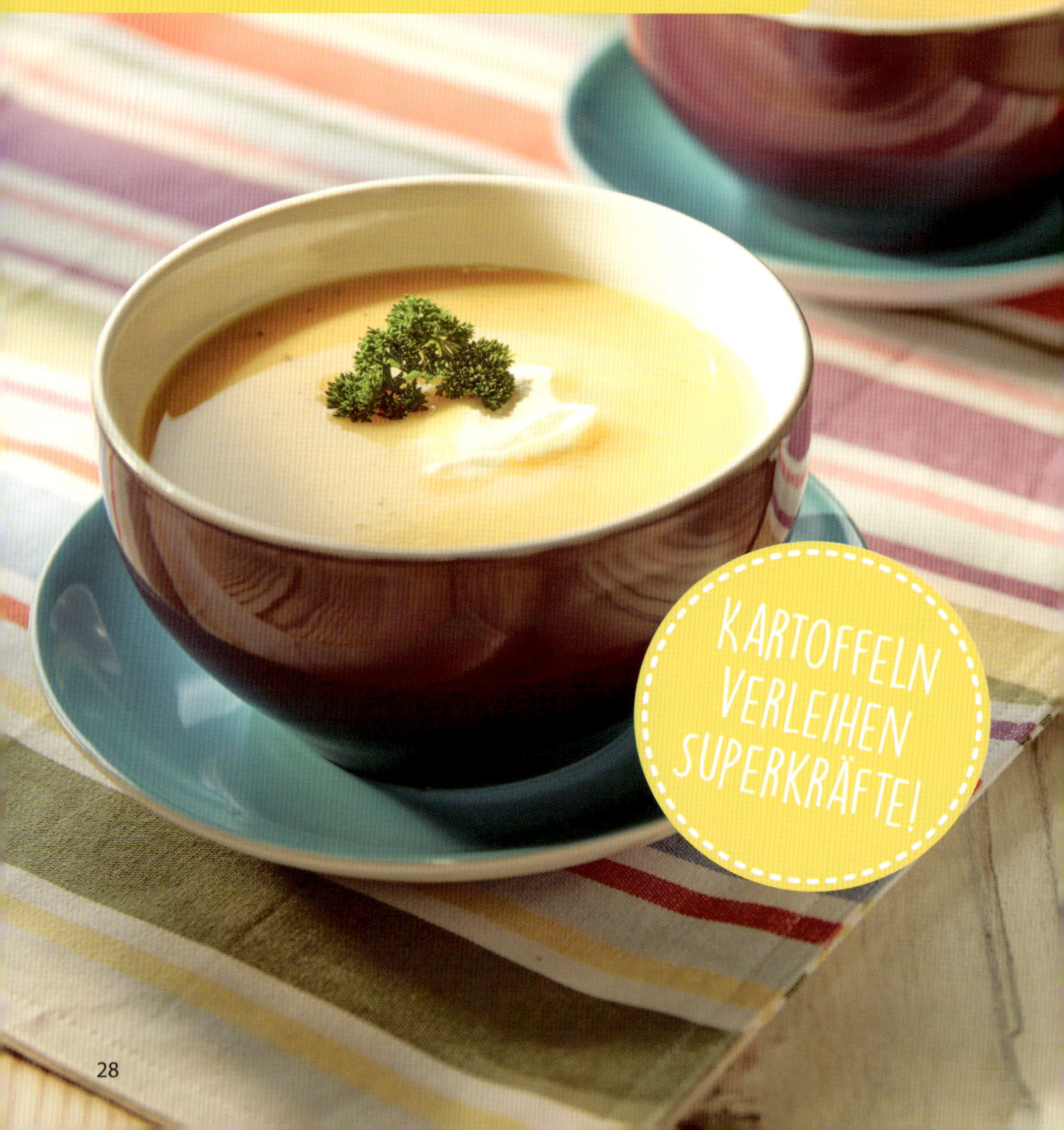
KARTOFFELN VERLEIHEN SUPERKRÄFTE!

ZUTATEN

5 große Kartoffeln
ca. 800 g

2 große Karotten
ca. 200 g

Salz

Gekörnte Gemüsebrühe

1750 ml Wasser

60 ml Sahne

MATERIAL

- Becherset
- Wecker
- Großer Topf mit Deckel
- Schneidebrett mit Messer
- Sparschäler
- Pürierstab
- Schürze

1

Fünf große Kartoffeln schälen.

2

Zwei große Karotten schälen und die Enden abschneiden.

3

Die Kartoffeln klein schneiden und in den Topf geben.

Die Karotten klein schneiden und in den Topf geben.

5

Sieben blaue Becher Wasser in den Topf schütten.

6

Den Topf mit Deckel auf die Herdplatte stellen und das Gemüse 25 Minuten weich kochen.

Wenn der Wecker ertönt, den Topf von der Herdplatte nehmen und den Deckel beiseitelegen.

Zwei gelbe Löffel Salz in den Topf schütten.

9

Zwei grüne Löffel gekörnte Gemüsebrühe in den Topf geben.

Zwei orange Becher Sahne in den Topf gießen.

Mit dem Stabmixer die Suppe pürieren.
Fertig!

SALAT

FELDSALAT

Ergibt: Portion für 4 Personen • Zubereitungszeit: 30 min

ZUTATEN

200 g Feldsalat

1 kleiner Granatapfel

Walnussöl

1 Zitrone

Honig

Salz

MATERIAL

- Becherset
- Zitronenpresse
- Salatschleuder
- Große Schüssel
- Salatbesteck
- Schürze

1

Beim Feldsalat die Wurzeln entfernen und den Salat waschen.

2

Den gewaschenen Salat mit der Hand ins Sieb der Salatschleuder heben, Deckel schließen und Salatschleuder drehen.

3

Den Granatapfel halbieren und eine Hälfte auspressen.

4

Drei grüne Becher Granatapfelsaft in die Schüssel geben.

5

Aus der zweiten Hälfte des Granatapfels die Kerne herauslösen und in die Schüssel geben.

6

Die Zitrone halbieren und auspressen.

7

Einen grünen Löffel Zitronensaft in die Schüssel geben.

8

Drei grüne Löffel Walnussöl in die Schüssel geben.

9

Zwei Prisen Salz in die Schüssel geben.

Zwei gelbe Löffel Honig in die Schüssel geben.

Mit dem gelben Löffel alles verrühren.

Feldsalat in die Schüssel geben und mit dem Salatbesteck vorsichtig vermengen. Fertig!

BELUGALINSENSALAT

Ergibt Portion für 4-6 Personen • Zubereitungszeit 30 min
Kochzeit 25 min

ZUTATEN

300 g Belugalinsen

750 ml warmes Wasser

2 Karotten

2 Lauchzwiebeln

1 Apfel

Sojasauce, dunkel

Kürbiskernöl

Balsamicoessig

Salz

MATERIAL

- Becherset
- Wecker
- Topf mit Deckel
- Feines Sieb
- Sparschäler
- Schneidebrett mit Messer
- Salatschüssel
- Salatbesteck
- Topflappen
- Schürze

1

Zwei rote Becher Belugalinsen in den Topf geben.

Drei blaue Becher lauwarmes Wasser in den Topf schütten.

3

Den Topf mit Deckel auf die Herdplatte stellen und die Belugalinsen 25 Minuten kochen.

4

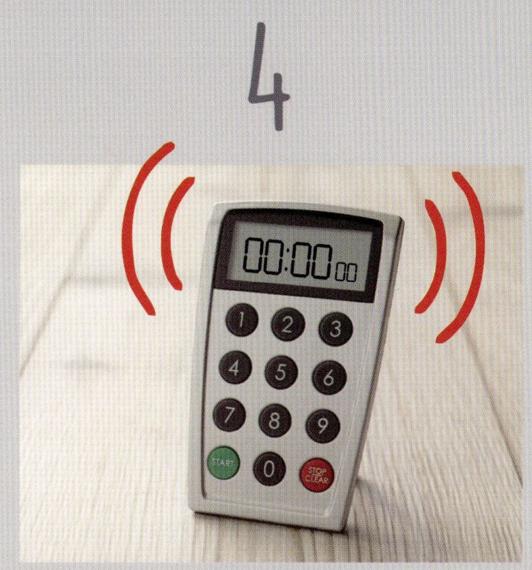

Wenn der Wecker ertönt, den Topf vom Herd nehmen und die Linsen in ein Sieb abschütten.

5

Die Linsen unter fließendem Wasser abspülen und gut abschütteln.

6

Vier grüne Löffel Sojasauce in die Salatschüssel geben.

7

Zwei grüne Löffel Balsamicoessig in die Salatschüssel geben.

8

Sechs grüne Löffel Kürbiskernöl in die Salatschüssel geben.

9

Einen gelben Löffel Salz in die Schüssel geben.

Mit dem gelben Löffel die Zutaten verrühren.

11

Zwei Karotten schälen und die Enden abschneiden.

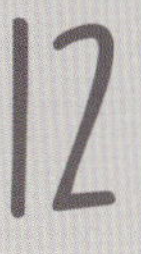

Einen Apfel schälen, vierteln und das Kerngehäuse entfernen.

13

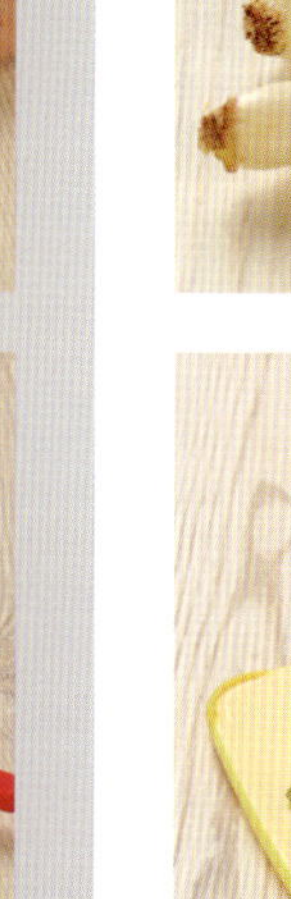

Karotten und Apfel in Würfel schneiden und in die Schüssel geben.

14

Zwei Lauchzwiebeln in Ringe schneiden und in die Schüssel geben.

15

Die Belugalinsen aus dem Sieb ebenfalls in die Schüssel schütten.

16

Mit dem Salatbesteck alles gut vermengen.
Fertig!

EISBERGSALAT

Ergibt: Portion für 6 Personen • Zubereitungszeit: 20 Minuten

ZUTATEN

1 Eisbergsalat

1 Becher Joghurt (150g)

Weißer Balsamico

Olivenöl

Salz

FRISCH UND KNACKIG!

MATERIAL

- Becherset
- Salatschüssel
- Salatbesteck
- Schneidebrett mit Messer
- Löffel
- Schürze

1

Den Becher Joghurt in
die Schüssel geben.

Drei grüne Löffel weißen Balsamico
Essig hinzufügen.

3

Drei grüne Löffel Olivenöl in die Schüssel gießen.

4

Vier Prisen Salz hinzufügen.

5

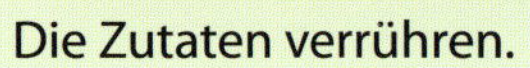

Die Zutaten verrühren.

Den Eisbergsalat halbieren und in feine Streifen schneiden.

7

Den Salat mit dem Dressing vermischen.
Fertig!

TOMATEN MOZZARELLA SALAT

Ergibt: Portion für 4 Personen • Zubereitungszeit: ca. 30 Minuten

ZUTATEN

500 g Rispentomaten

500 g Mozzarella

Basilikumblätter

Dunkler Balsamico

Olivenöl

Salz

Senf

MATERIAL

- Becherset
- großer Teller
- Glas für Salatsoße
- Schneidebrett mit Messer
- Löffel
- Schürze

1

Zwei orange Becher dunklen Balsamico Essig in das Glas gießen.

2

Drei orange Becher Olivenöl hinzufügen.

3

Vier Prisen Salz in das Glas streuen.

4

Zwei gelbe Löffel Senf hinzufügen.

5

Alle Zutaten durch schütteln miteinander vermischen.

6

Die Tomaten in Scheiben schneiden und die Stielansätze entfernen.

7

Den Mozzarella abtropfen lassen und in Scheiben schneiden.

8

Einzelne Basilikumblätter abzupfen.

9

Tomaten, Mozzarella und Basilikumblättchen auf einer Platte anrichten.

10

Das Dressing auf dem Salat verteilen. Fertig!

DIPS

AVOCADO-DIP

Ergibt: ca. 300 g • Zubereitungszeit: 15 min

ZUTATEN

1 Avocado

250 g Quark

Zitronensaft

Salz

MATERIAL

- Becherset
- Kleine Schüssel
- Löffel
- Pürierstab
- Schneidebrett mit Messer
- Schürze

1

Die Avocado aufschneiden.

Mit einem Löffel die Avocado aushöhlen.

3

Eine Packung Quark
in die Schüssel geben.

4

Zwei gelbe Löffel Zitronensaft in die
Schüssel geben.

5

Vier Prisen Salz in die Schüssel geben.

6

Mit dem Stabmixer die Zutaten pürieren.
Fertig!

GURKENQUARK

Ergibt: ca. 400 g • Zubereitungszeit: 15 min

ZUTATEN

1 Salatgurke

250 g Quark

gekörnte Gemüsebrühe

Milch

Dill gerebelt

Salz

MATERIAL

- Becherset
- Kleine Schüssel
- Sparschäler
- Schneidebrett mit Messer
- 2 Löffel
- Schürze

1

Eine Packung Quark in die Schüssel geben.

2

Vier Prisen Salz in die Schüssel geben.

3

Einen gelben Löffel Dill in die Schüssel geben.

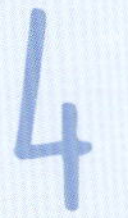

Einen gelben Löffel gekörnte Gemüsebrühe hinzufügen.

5

Drei grüne Löffel Milch in die Schüssel geben.

6

Den Quark cremig rühren.

7

Die Gurke schälen und die Enden abschneiden.

Die geschälte Gurke längs halbieren und mit einem Löffel die Kerne entfernen.

9

Die Gurke in Würfel schneiden und in die Schüssel zum Quark geben.

Alles noch einmal verrühren.
Fertig!

HAUPT GERICHT

COUSCOUS-TOPF MIT SCHAFSKÄSE

Ergibt: Portion für 4-6 Personen • Zubereitungszeit: 50 min
Kochzeit: 15 min

MATERIAL

- Becherset
- Wecker
- Große Pfanne mit Deckel
- Schneidebrett mit Messer
- Pfannenwender
- Schürze

ZUTATEN

5 Tomaten

1 Aubergine

1 Zwiebel

1 Paprika

200 g Schafskäse (Feta)

300 g Couscous

750 ml warmes Wasser

Olivenöl

Gekörnte Gemüsebrühe

Kreuzkümmelpulver

Paprikapulver

Salz

1

Einen grünen Löffel gekörnte Gemüse-brühe in die Pfanne geben.

2

Einen gelben Löffel Paprikapulver in die Pfanne geben.

3

Einen gelben Löffel Kreuzkümmel in die Pfanne geben.

4

Einen gelben Löffel Salz ebenfalls in die Pfanne geben.

5

Zwei grüne Löffel Olivenöl in die Pfanne geben.

Drei blaue Becher warmes Wasser in die Pfanne geben.

Eine Zwiebel in Würfel schneiden und in die Pfanne geben.

Die Aubergine in Würfel schneiden und in die Pfanne geben.

9

Fünf Tomaten in Würfel schneiden und ebenfalls in die Pfanne geben.

10

Die Paprika in Würfel schneiden und in die Pfanne geben.

Den Schafskäse in Würfel schneiden und ebenfalls in die Pfanne geben.

Vier rote Becher Couscous in die Pfanne schütten.

13

Mit dem Pfannenwender alles umrühren.

14

Die Pfanne mit Deckel auf die Herdplatte stellen und die Zutaten 5 Minuten kochen.

15

Wenn der Wecker ertönt, die Pfanne von der Herdplatte nehmen.

Mit dem Pfannenwender wieder alles gut umrühren.

17

Den Deckel auf die Pfanne legen und weitere 10 Minuten ziehen lassen.

18

Wenn der Wecker ertönt, ist die Couscous-Pfanne fertig.

LUSTIGER
NAME, LECKERES
ESSEN!

HIRSE-PFANNE

Ergibt: Portion für 4-6 Personen • Zubereitungszeit: 45 min
Kochzeit: 20 min

ZUTATEN

300 g Hirse

2 Süßkartoffeln

3 Karotten

1 Zwiebel

90 ml Sahne

750 ml warmes Wasser

Erdnussbutter

Gekörnte Gemüsebrühe

Salz

MATERIAL

- Becherset
- Wecker
- Pfanne mit Deckel
- Schneidebrett mit Messer
- Pfannenwender
- Sparschäler
- Löffel
- Sieb
- Schürze

1

Drei blaue Becher lauwarmes Wasser in die Pfanne geben.

Drei orange Becher Sahne in die Pfanne geben.

3

Einen grünen Löffel Gemüsebrühe in die Pfanne geben.

Vier grüne Löffel Erdnussbutter in die Pfanne geben.

5

Einen gelben Löffel Salz in die Pfanne geben.

6

Alles mit dem Löffel umrühren.

7

Eine Zwiebel in Würfel schneiden und in die Pfanne geben.

Drei Karotten schälen.

9

Zwei Süßkartoffeln schälen.

Karotten und Kartoffeln würfeln und das Gemüse in die Pfanne geben.

11

Drei rote Becher Hirse in ein Sieb schütten.

Die Hirse unter fließendem Wasser abspülen, abschütteln und zum Gemüse in die Pfanne geben.

13

Die Pfanne mit dem Deckel auf die Herdplatte stellen und die Zutaten 5 Minuten kochen lassen.

14

Wenn der Wecker ertönt, den Deckel beiseitelegen und alles weitere 5 Minuten kochen lassen.

15

Während dieser 5 Minuten alle Zutaten mit dem Pfannenwender rühren.

16

Wenn der Wecker ertönt, die Pfanne von der Herdplatte nehmen.

17

Den Deckel auf die Pfanne legen und die Speise weitere 10 Minuten ziehen lassen.

18

Wenn der Wecker ertönt, ist die Hirse-Pfanne fertig.

QUINOATOPF

Ergib:t Portion für 4-6 Personen • Zubereitungszeit: 30 min
Kochzeit: 20 min

ZUTATEN

170 g Quinoa

500 ml lauwarmes Wasser

1 Paprika

1 Zwiebel

1 Dose Mais

1 Dose rote Bohnen

1 Dose Tomatenstücke fein gehackt

Gekörnte Gemüsebrühe

Salz

MATERIAL

- Becherset
- Wecker
- Große Pfanne mit Deckel
- Schneidebrett mit Messer
- Pfannenwender
- Sieb
- Schürze

1

Eine Zwiebel schälen, in Würfel schneiden und in die Pfanne geben.

2

Die Paprika in Würfel schneiden und in die Pfanne geben.

3

Eine Dose fein gehackte Tomaten in die Pfanne geben.

4

Eine Dose Mais in ein Sieb abschütten und in die Pfanne geben.

5

Eine Dose rote Bohnen in ein Sieb abschütten und ebenfalls in die Pfanne geben.

Einen blauen Becher Quinoa in die Pfanne schütten.

7

Zwei blaue Becher lauwarmes Wasser in die Pfanne schütten.

Einen gelben Löffel Salz in die Pfanne geben.

9

Einen grünen Löffel Gemüsebrühe in die Pfanne geben.

Mit dem Pfannenwender alles verrühren.

11

Die Pfanne mit Deckel auf die Herdplatte stellen und die Zutaten 5 Minuten kochen.

12

Wenn der Wecker ertönt, den Deckel beiseitelegen und alles weitere 15 Minuten kochen lassen.

13

Während dieser 15 Minuten alle Zutaten mit dem Pfannenwender rühren.

14

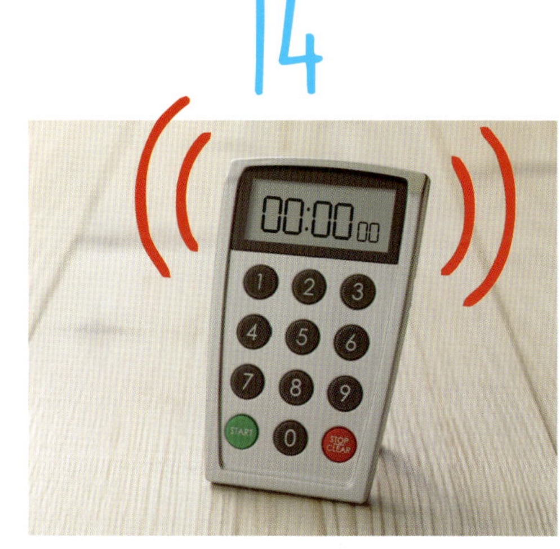

Wenn der Timer ertönt, ist der Quinoatopf fertig.

KARTOFFEL-WAFFELN

Ergibt: 5 Stück • Zubereitungszeit: 20 min • Kochzeit: 25 min

ZUTATEN

2 mittelgroße Kartoffeln
ca. 160 g

1 kleine Zwiebel

1 Ei

70 g Dinkelmehl

1 Päckchen Backpulver

125 ml Milch

40 g Margarine

Salz

MATERIAL

- Becherset
- Wecker
- Kochtopf
- Rührschüssel
- Messer, Gabel
- Pinsel
- Kartoffelpresse
- Rührgerät mit Rührbesen
- Waffeleisen
- Schürze

1

Zwei mittelgroße Kartoffeln in den Topf legen und mit Wasser bedecken.

2

Den Wecker auf 25 Minuten einstellen und die Kartoffeln weich kochen.

3

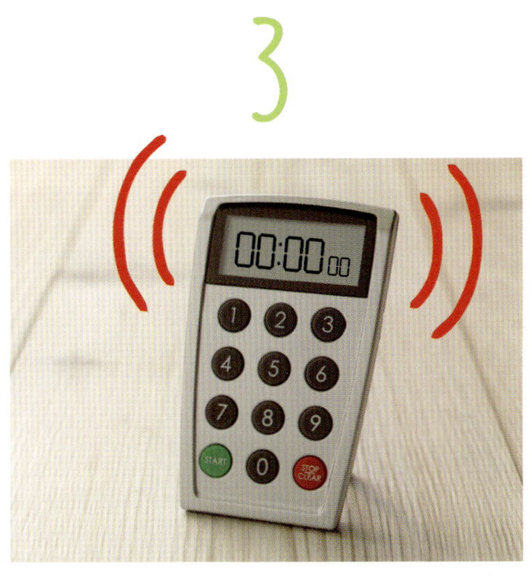

Wenn der Wecker ertönt, die Kartoffeln abschütten und auskühlen lassen.

4

Einen roten Becher Mehl in die Schüssel geben.

5

Einen roten Becher Milch hinzufügen.

Einen gelben Löffel Backpulver
in die Schüssel geben.

7

Drei Prisen Salz über die Zutaten streuen.

8

Zwei grüne Löffel Margarine hinzufügen.

9

Ein Ei aufschlagen und in die Schüssel geben.

10

Die Zwiebel schälen, in kleine Würfel schneiden und in die Schüssel geben.

11

Die Kartoffeln pellen und durch die Kartoffelpresse drücken.

Die Zutaten mit dem Rührgerät mit Rührbesen verrühren.

13

Das heiße Waffeleisen mit Margarine bestreichen.

14

Einen roten Löffel Kartoffelteig in das Waffeleisen geben.

15

Die gebackene Waffel aus dem Waffeleisen nehmen. Fertig!

OFENGEMÜSE MIT HALLOUMI

Ergibt: Portion für 4-6 Personen • Zubereitungszeit: 30 min
Backzeit: 30 min

MATERIAL

- Becherset
- Wecker
- Schüssel
- Löffel
- Schneidebrett mit Messer
- großes Messer
- Auflaufform
- Topflappen
- Schürze

ZUTATEN

3 mittelgroße Kartoffeln

1 Zucchini

1 Zwiebel

1 Paprika

200 g Dattelkirschtomaten

250 g Halloumi

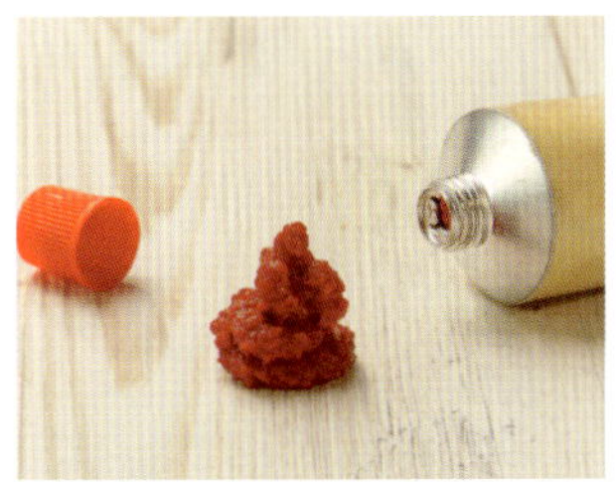

Tomatenmark

Olivenöl

Oregano gerebelt

Rosmarin gerebelt

Salz

1

Fünf grüne Löffel Olivenöl in die Schüssel geben.

2

Drei grüne Löffel Tomatenmark hinzufügen.

3

Einen gelben Löffel Salz
in die Schüssel geben.

4

Einen gelben Löffel Oregano
ebenfalls hinzufügen.

5

Einen gelben Löffel Rosmarin in die Schüssel geben.

Mit einem Löffel alles umrühren.

7

Den Backofen auf 180 °C Ober- und Unterhitze vorheizen.

8

Drei Kartoffeln schälen, würfeln und in die Schüssel geben.

9

Die Zwiebel schälen, in Würfel schneiden und in die Schüssel geben.

10

Die Zucchini ebenfalls würfeln und hinzufügen.

Die Paprika entkernen und vierteln.

12

Die Paprikaviertel in Würfel schneiden und in die Schüssel geben.

13

Die Tomaten halbieren und in die Schüssel geben.

14

Halloumi-Käse würfeln und hinzufügen.

15

Mit einem Löffel alles gut miteinander verrühren.

16

Alle Zutaten in die Auflaufform geben.

17

Die Auflaufform in den Ofen schieben. Den Wecker auf 30 Minuten einstellen und das Gemüse backen.

18

Wenn der Wecker ertönt, die Auflaufform mit dem Ofengemüse mit Topflappen aus dem Ofen nehmen.
Fertig!

SPAGHETTI TOPF AUS DEM OFEN

Ergibt: Portion für 4-6 Personen • Zubereitungszeit: 20 min
Backzeit: 45 min

ZUTATEN

500 g Spaghetti ungekocht

250 ml passierte Tomaten

1 Becher Sahne

175 g Frischkäse

500 ml warmes Wasser

Olivenöl

Salz

Zwiebeln granuliert

Italienische Kräuter getrocknet

MATERIAL

- Becherset
- Schüssel
- Wecker
- Löffel
- Rührgerät mit Schaumschläger
- Auflaufform
- Schürze
- Topflappen

1

Einen blauen Becher passierte Tomaten in die Schüssel geben.

Einen gelben Löffel Salz hinzufügen.

3

Einen gelben Löffel Zwiebeln granuliert in die Schüssel geben.

4

Zwei gelbe Löffel italienische Kräuter hinzufügen.

5

Drei grüne Löffel Olivenöl in die Schüssel gießen.

6

Einen Becher Sahne hinzufügen.

7

Den Frischkäse in die Schüssel geben.

8

Zwei blaue Becher warmes Wasser über die Zutaten gießen.

9

Mit dem Rührgerät alle Zutaten zu einer glatten Soße mischen.

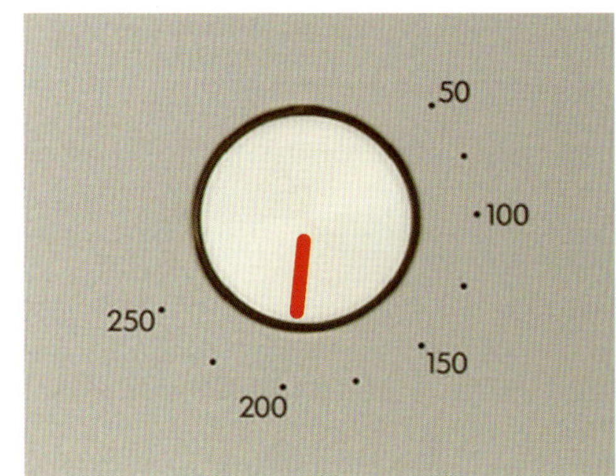

Der Backofen auf 200°C Ober- / Unterhitze vorheizen.

Die Soße in eine Auflaufform gießen.

12

Die Spagehtti in der Mitte durchbrechen
und in die Soße legen.

13

Alle Spaghetti mit Soße bedecken.

14

Die Auflaufform mit der Nudelmasse auf dem Backgitter in den Ofen schieben. Den Wecker auf 45 Minuten einstellen.

15

Wenn der Wecker klingelt, die Form mit Topflappen aus dem Ofen nehmen. Fertig!

FISCH

SEELACHSFILET

Ergibt: 2 Portionen • Zubereitungszeit: 25 min
Backzeit: 18 min

ZUTATEN

1 kleine Zwiebel

2 Tomaten

2 Seelachsfilets (je 180 g)

60 g Butter

Paniermehl

Kräuter der Provence, gerebelt

Salz

Zitronensaft

MATERIAL

- Becherset
- Wecker
- Schneidebrett mit Messer
- großes Messer
- Papiertücher
- Kleine Schüsssel
- Auflaufform
- Topflappen
- Schürze

1

Die Auflaufform mit einem gelben Löffel Butter einfetten.

Die Zwiebel schälen, würfeln und in die Auflaufform geben.

3

Zwei Tomaten in Scheiben schneiden und hinzufügen.

4

Den Backofen auf 200 °C Ober- und Unterhitze vorheizen.

5

Das Fischfilet unter fließendem Wasser abspülen und mit Küchenpapier trocken tupfen.

6

Das Filet in die Auflaufform legen.

7

Einen gelben Löffel Zitronensaft auf dem Fischfilet verteilen.

8

Zwei orange Becher Paniermehl in die Schüssel schütten.

9

Vier grüne Löffel Butter ebenfalls in die Schüssel geben.

10

Einen gelben Löffel Kräuter der Provence hinzufügen.

11

Drei Prisen Salz hinzufügen.

12

Mit den Händen die Zutaten gut verkneten.

13

Die Masse auf dem Fischfilet verteilen, so dass alles bedeckt ist.

14

Die Auflaufform in den vorgeheizten Ofen schieben und den Wecker auf 18 Minuten einstellen.

15

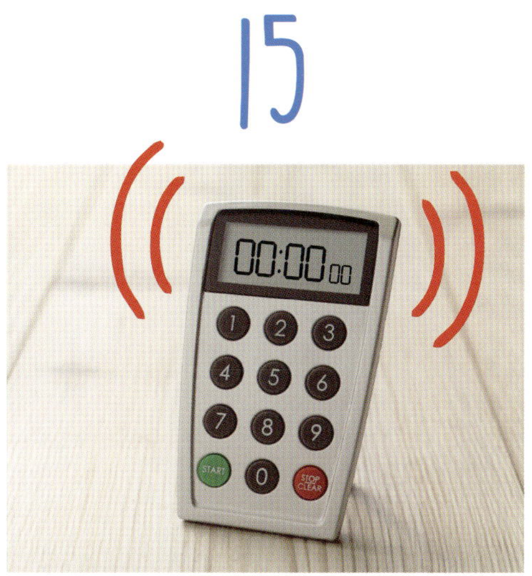

Wenn der Wecker ertönt, die Auflaufform mit Topflappen aus dem Ofen nehmen. Fertig!

VIKTORIABARSCH AUS DEM OFEN

Ergibt: Portion für 4 Personen • Zubereitungszeit: 30 min
Backzeit: 25 min

ZUTATEN

400 g Viktoriabarschfilet

125 ml Sahne

Gekörnte Gemüsebrühe

Butter

Paniermehl

Parmesan

Petersilie gerebelt

MATERIAL

- Becherset
- Wecker
- Auflaufform
- Papiertücher
- Kleine Schüsssel
- Topflappen
- Schürze

1

Mit einem grünen Löffel Butter die Auflaufform einfetten.

Einen roten Becher Sahne in die Auflaufform gießen.

Einen gelben Löffel Gemüsebrühe ebenfalls hinzufügen.

4

Mit dem gelben Löffel umrühren.

5

Das Fischfilet unter fließendem Wasser abspülen und mit Küchenpapier trocken tupfen.

Das Filet in die Auflaufform legen und einmal wenden.

Den Backofen auf 200 °C Ober- und Unterhitze vorheizen.

8

Vier grüne Löffel Paniermehl in die Schüssel schütten.

9

Drei grüne Löffel Parmesan in die Schüssel geben.

Zwei gelbe Löffel Petersilie hinzufügen.

Zwei gelbe Löffel Butter hinzufügen.

Mit den Händen die Zutaten
gut vermischen.

13

Die Panade auf dem Fischfilet verteilen, so dass alles bedeckt ist.

14

Die Auflaufform in den vorgeheizten Ofen schieben und den Wecker auf 25 Minuten einstellen.

15

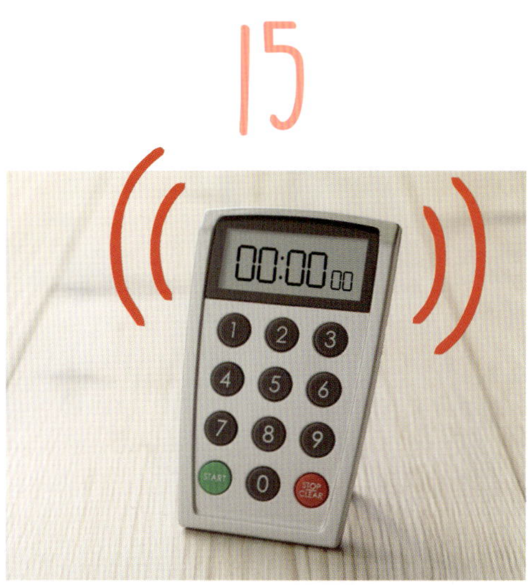

Wenn der Wecker ertönt, die Auflaufform mit Topflappen aus dem Ofen nehmen. Fertig!

DESSERT

CHIA-SAMEN SCHOKOPUDDING

Ergibt: Dessert für 6 Personen • Zubereitungszeit: 15 min
Kühlzeit: 3 Stunden

ZUTATEN

500 ml Milch

80 g Chia-Samen

Honig

Kakao

MATERIAL

- Becherset
- Wecker
- Schüssel
- Rührbesen
- Schürze

1

Zwei blaue Becher Milch in die Schüssel gießen.

Zwei gelbe Löffel Honig hinzufügen.

3

Vier grüne Löffel Kakao ebenfalls in die Schüssel geben.

4

Vier orange Becher Chia-Samen in die Schüssel geben.

5

Mit dem Schneebesen alle Zutaten gut verrühren.

6

Die Schüssel in den Kühlschrank stellen. Den Wecker auf 3 Stunden einstellen.

7

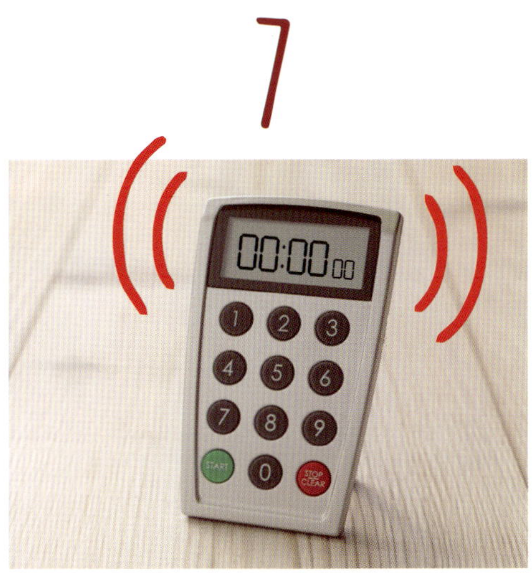

Wenn der Wecker ertönt den Pudding aus dem Kühlschrank nehmen.
Fertig!

BANANENQUARK

Ergibt: 4 Portionen • Zubereitungszeit: 15 Minuten

ZUTATEN

2 reife Bananen

500 g Magerquark

60 ml Sahne

Etwas Zitronensaft

Vanillepulver

Schokostreusel, Beeren

MATERIAL

- Becherset
- Schüssel
- Messer, Löffel
- Pürierstab
- Schürze

1

Den Quark in die Schüssel geben.

2

Zwei reife Bananen schälen und zum Quark hinzufügen.

3

Zwei orange Becher Sahne in die Schüssel gießen.

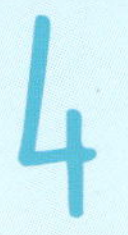

Zwei gelbe Becher Zitronensaft hinzufügen.

5

Zwei Prisen Vanillepulver in die Schüssel streuen.

6

Die Zutaten mit dem Stabmixer fein pürieren.

7

Den Bananenquark in Gläser füllen.

8

Mit Beeren und Schokoladenstreuseln
das Dessert verzieren.
Fertig!

MARMORKUCHEN ZUCKERFREI

Ergibt: 1 Kuchen • Zubereitungszeit: 20 Minuten
Backzeit: 45 Minuten

ZUTATEN

6 Eier

300 g Apfel Bananen Mark

280 g Dinkelmehl

2 Päckchen Backpulver

Vanillepulver

125 ml Milch

20 g Kakao

MATERIAL

- Becherset
- Wecker
- Schüssel
- Rührgerät mit Schaumschläger
- Glas zum Eiaufschlagen
- Messer, Löffel, Gabel
- Backform mit Backpapier
- Topflappen
- Schürze

1

Sechs Eier aufschlagen und in die Schüssel geben.

2

Die Eier mit dem Rührgerät mit Rührbesen 5 Minuten schaumig rühren.

3

Zwei blaue Becher Dinkelmehl in die Schüssel geben.

4

Zwei Päckchen Backpulver hinzufügen.

5

Zwei gelbe Löffel Vanillepulver in die Schüssel geben.

Einen roten Becher Milch hinzufügen.

7

Ein Glas Apfel Bananen Mark in die Schüssel geben.

8

Die Zutaten mit dem Rührgerät mit Rührbesen zu einem glatten Teig verrühren.

9

Den Backofen auf 180°C Ober- / Unterhitze vorheizen.

Die Hälfte des Teiges in die mit Backpapier ausgelegte Kuchenform gießen.

11

Drei grüne Löffel Kakao in die Rührschüssel geben.

Den Kakao mit dem Teig verrühren.

13

Den dunklen Teig ebenfalls in die Form füllen.

14

Die Gabel spiralförmig durch den Teig ziehen, um ein Marmormuster zu erzielen.

15

Die Backform auf dem Rost in den vorgeheizten Backofen schieben. Den Wecker auf 45 Minuten einstellen und den Kuchen backen.

16

Wenn der Wecker klingelt, den fertigen Kuchen mit Topflappen aus dem Ofen nehmen. Fertig!

Autorin
Birgit Wenz

Verlag
Stefan Wenz – Becherkueche.de
79288 Gottenheim
info@becherkueche.de
www.becherkueche.de

Vermarktung & Vertrieb
DS Produkte GmbH
Stormarnring 14
22145 Stapelfeld
www.dspro.de

Layout
Goldfieber Werbeagentur, Freiburg
www.goldfieber.com

Fotografie
Flashpointstudio GbR, Freiburg
www.flashpointstudio.de

Bildnachweise
Umschlag - Katie Harp

Küchenstudio
MAIER KÜCHEN GmbH
www.maier-kuechen.de

1. Auflage April 2022
ISBN 978-3-9820151-5-6